T 27

n. 16077.

ÉLOGE

DE M. ÉMILE PERRET.

ÉLOGE

DE

M. ÉMILE PERRET,

ANCIEN CAPITAINE D'ARTILLERIE DE LA GARDE,

Chevalier de la Légion-d'Honneur, Membre du Conseil d'arrondissement du département du Rhône, de la Société d'agriculture, de l'Académie royale des sciences, belles-lettres et arts de Lyon.

LU

EN SÉANCE PUBLIQUE DE L'ACADÉMIE, le 27 août 1823. PAR M. RÉGNY.

LYON.

IMPRIMERIE DE DURAND ET PERRIN, SUCC. DE BALLANCHE ET DE CUTTY, Hôtel de Malte, rue du Plat, n.º 15.

M DCCC XXIV.

ÉLOGE

DE

M. ÉMILE PERRET.

Messieurs,

Le charme attaché à la culture des lettres, des sciences et des arts, n'est pas le seul attrait des sociétés académiques ; les membres qui les composent en trouvent un nouveau, un plus puissant encore, dans les rapports d'intimité qui s'établissent entre eux. Des hommes faits pour s'estimer réciproquement, s'aiment et s'estiment davantage à mesure que de plus fréquens rapprochemens leur donnent le moyen de se mieux connaître ; et le sentiment qui les unit bientôt est parfaitement exprimé par ce titre affectueux de Confrère, dont ils se saluent.

Mais, Messieurs, l'inflexible loi de la nature, nous fait expier par d'amères douleurs, de fugitifs instans de félicité, et vos doctes entretiens sont trop souvent interrompus par l'expression de vos regrets sur quelque perte récente : peu de vos solemnités littéraires échappent à ces tributs de douleur.

Ce sont ordinairement vos éloquens secrétaires qui vous retracent la vie, les vertus et les travaux des amis que vous avez perdus ; le talent avec lequel ils remplissent cette triste et honorable mission , doit exciter vos regrets toutes les fois qu'ils la confient à quelqu'un de leurs confrères. Vous avez surtout à vous en plaindre dans ce moment ; mais pardonnez-moi , Messieurs , d'avoir accepté la délégation qui m'a été offerte, j'avais à acquitter une dette du cœur.

Lié d'une intime amitié avec Emile Perret dès la sortie de l'enfance, j'en avais été séparé pendant de longues années ; nous nous étions retrouvés dans le sein de votre compagnie , et je n'ai goûté, hélas ! que bien peu d'instans, le bonheur d'y siéger auprès de cet ancien ami. J'ai espéré, Messieurs, que vous m'accorderiez avec indulgence la consolation de vous dire quelque chose de sa vie.

Jean-Mathieu-Emile PERRET DE LA MENUE, chevalier de la Légion-d'Honneur, ancien capitaine d'artillerie de la garde , adjoint à la mairie de Lyon , est né à Lyon, le 17 juillet 1773; il était le second fils de M. Laurent Perret, ancien recteur des hôpitaux de cette ville , et secrétaire du Roi.

La famille Perret comptait ici plusieurs siècles d'existence honorable , et avait des alliances avec les familles les plus considérées. Il n'entre dans mon sujet ni dans mon plan, de vous entretenir des anciens souvenirs qui honorent le nom de notre confrère ; je vous demande cependant la permission de rappeler un fait presque oublié, et auquel donne un nouveau degré d'intérêt, la prochaine réédification du monument de la place Louis-le-Grand.

Claude Perret , un des arrière-oncles de notre Emile, était architecte à Lyon , à la fin du 17.e siècle ; et, architecte justement réputé, il fut chargé, en 1713, de diriger la pose de la statue équestre de Louis XIV, sur la place Bellecour qui allait prendre le nom de ce grand Roi.

Quelques curieux conservent avec soin, dans leurs cabinets, la gravure de l'ingénieux mécanisme, conçu par M. Perret, pour cette opération difficile, et au moyen duquel la statue colossale, conduite sur un char auprès du piédestal qui l'attendait, fut en peu de minutes élevée à la hauteur nécessaire, et portée à la place qu'elle occuperait encore si elle n'en avait été arrachée par le vandalisme révolutionnaire.

Nous verrons bientôt le chef-d'œuvre de Lemot remplacer celui de Desjardins; et malgré les progrès des sciences, recourra-t-on peut-être encore, pour l'élever sur son piédestal, à l'appareil imaginé, il y a plus d'un siècle, par notre habile architecte lyonnais.

Je suis impatient, Messieurs, de rentrer dans les limites que je dois me prescrire; mais comment me tairais-je sur le père d'Emile? l'éloge du fils serait incomplet si je ne vous parlais de son éducation; et cette éducation il l'a toute due à l'auteur de ses jours.

Laurent Perret suivait à Lyon la carrière du commerce que ses pères lui avaient honorablement ouverte, et dans laquelle ils avaient successivement acquis, sinon de grandes richesses, du moins une belle fortune qui les plaçait dans les premiers rangs de la société.

M. Perret avait fait ici de très bonnes études au collége des jésuites; il y avait apporté beaucoup d'aptitude et d'application, et en a conservé toute sa vie le goût des lettres.

Il s'était marié, fort jeune, à Mlle Chancey; ils eurent trois fils dans les premières années de leur mariage; la mère prodiga à leur enfance, tous les plus tendres soins de la sollicitude maternelle, elle s'est constamment montrée le modèle des mères.

M. Perret était de son côté tout préoccupé des devoirs de la paternité, et peu d'hommes les ont aussi religieusement remplis : il n'avait eu aucune résistance à combattre, pour porter sa femme à renoncer aux délassemens de la société et se livrer sans distractions aux soins de la famille. Mais l'amour paternel allait bientôt lui imposer à lui-même un plus grand sacrifice.

Ses fils grandissaient; le moment était venu de les livrer à l'étude. Le bon père, effrayé pour eux des dangers de l'instruction publique, ne l'était pas moins des dangers, plus graves peut-être, que pouvait entraîner le choix d'un précepteur. Il forma le noble projet de devenir lui-même, l'instituteur de ses fils.

Mais il fallait pour cela être libre d'autres soins. M. Perret était à la tête d'un établissement commercial, il le conduisait habilement, les succès qu'il y obtenait, lui promettaient un grand accroissement de fortune, n'importe, rien ne l'arrête, de plus graves considérations lui commandent ; il rompt tous les liens qui l'enchaînaient aux affaires, et s'établit dans son cabinet au milieu de ses jeunes et intéressans élèves.

C'est là que je les ai vus maintes fois, Messieurs, et, malgré mon jeune âge, j'admirais le professeur, et j'enviais le sort des écoliers.

Toutes les classes ont été suivies dans ce sanctuaire de famille ; les études s'y sont élevées jusqu'à la réthorique et à la philosophie, avec autant de régularité que dans aucun collége, et les progrès des élèves ont été plus rapides qu'ils ne l'eussent été ailleurs. Quel puissant véhicule était pour eux le désir de répondre à un dévouement si touchant !

Malgré la vive amitié que j'ai toujours conservée pour ces trois camarades de mon enfance, c'est du seul Emile que je dois m'occuper dans ce moment. Il montra dès sa plus tendre jeunesse, une véritable ardeur pour le travail, et les plus heureuses dispositions. Il réussissait à tout, aux études sérieuses comme à celles des arts agréables, et ses premiers débuts dans le monde l'y placèrent, bien jeune, au rang des gens aimables et des hommes dont la conversation offrait toujours de l'intérêt.

M. Perret avait étudié avec attention les dispositions de chacun de ses élèves : Emile avait manifesté un goût particulier pour les mathématiques ; son père songea pour lui, à la carrière du génie militaire, et l'envoya, à l'âge de dix-huit ans, achever à Paris les études nécessaires.

Il était donc éloigné de sa famille à l'époque mémorable où Lyon, si étrangement abandonné de toute la France qui lui avait promis aide et appui, mais soutenu par un merveilleux courage, voulut résister seul aux atroces oppresseurs de la patrie ! Emile ne put donc partager avec son père et ses frères, la glorieuse défense de notre ville, et il échappa personnellement aux sanglans désastres qui en devinrent les suites ! mais l'affreuse tempête lui enleva ce qu'il avait de plus cher.

Son malheureux père, tout en présidant sa section, avait courageusement pris les armes pendant le siége. Il fut le dix-neuvième condamné par l'affreux tribunal de Collot-d'Herbois, et une des soixante victimes qui périrent le 4 décembre 1793, sous les coups de la mitraille. Tirons le rideau, Messieurs, sur ces scènes d'horreur, faisons cependant des vœux pour que nos

neveux gardent un salutaire souvenir de ces ter-
ribles leçons, et se prémunissent ainsi contre les
faux systèmes des novateurs qui, les séduisant
d'abord, les entraîneraient encore avec une force
irrésistible dans d'aussi déplorables catastrophes.

Revenons à notre Emile : la plus profonde
douleur l'absorbait, et le cours de ses études
était contrarié par les désastres qui planaient
sur la France entière; mais il cherchait des con-
solations dans le travail et s'y livrait avec ardeur;
il devint un des premiers élèves de l'école polytechnique, s'y fit remarquer par ses succès, et en
sortit pour prendre du service dans l'artillerie.

Il fit, en 1798, ses premières armes en Italie,
et prit part à l'aventureuse expédition d'Egypte.
Il était ensuite entré dans la garde, et ce fut
avec le grade de capitaine qu'il y fit, en 1806 et
1807, les campagnes de Prusse et de Pologne,
et mérita la croix d'honneur et une dotation. Il
avait combattu dans toutes les grandes affaires :
dans celle de Jéna, dans celle de Friedland où
il avait eu un cheval tué sous lui, et dans celle
de Preussich-Eylaw, où il avait éprouvé une
perte cruelle : son lieutenant, son parent et son
ami, César Rieussec, fut enlevé à ses côtés par
un obus.

L'agitation des marches, les peines des bi-
vouacs et le tumulte des camps, ne laissaient
que de courts instans de liberté à la disposition
du capitaine Perret ; il en profitait pour tracer
de furtives notes qui devaient lui servir un jour
à écrire quelque relation historique de cette
campagne. Sa fin prématurée nous a privés de
l'exécution de cet ouvrage, et les notes d'Emile,
qu'a recueillies sa famille, ne pourraient servir
dans cet objet à d'autres qu'à lui : c'étaient de
simples points de rappel pour aider sa mémoire.
Il en est plusieurs, cependant, qui offrent beaucoup d'intérêt et prouvent le talent du rédac-
teur, si l'on considère surtout la position où il
était, et les continuelles interruptions de son
travail.

Telle me paraît, Messieurs, cette rapide nar-
ration de la mort de notre compatriote Rieussec.
L'écrivain, après avoir rendu compte de l'attaque
que fit l'armée Russe, le 8 février 1807, à la
pointe du jour, devant l'église d'Eylaw, et avoir
rappelé les ordres que venait de lui apporter au
galop, le maréchal Bessières, poursuit ainsi :

« Nous commençons notre feu de toute la
vivacité dont nous sommes capables ; cette ardeur est soutenue par l'intérêt de notre propre

3

défense ; nos coups ne restent pas sans effet ;
nous apercevons souvent , dans les rangs en-
nemis, des trouées subites, indices de nos succès
meurtriers, mais à son tour l'artillerie opposée
nous enlevait beaucoup des nôtres : plusieurs
canonniers furent frappés en peu d'instans , et
dès le commencement de l'action nous perdîmes
l'un de nos officiers. Rieussec avait le comman-
dement de deux pièces ; le sabre à la main, cou-
vert d'une redingote , il dirigeait avec sang-froid
le service de sa batterie ; un obus arrive droit
au cheval qu'il montait, et l'atteint au poitrail ;
le globe éclate, Rieussec est enlevé par l'explo-
sion ; ses habits en désordre sont un instant agi-
tés par l'air : on s'approche en le voyant tomber :
Rieussec n'existait plus. »

Ainsi périt, au champ d'honneur, le fils du
Nestor de notre compagnie , le fils de notre
respectable confrère, M. Rieussec. Mais, ou je
me trompe fort, Messieurs , ou ce récit vous
aurait touchés, lors même que vous n'eussiez pas
connu cette victime du combat.

Vous entendrez encore avec intérêt, les judi-
cieuses réflexions qu'inspirait au capitaine Perret,
le spectacle déchirant du pays d'Eylaw, dévasté
par la guerre.

« Lorsqu'on ébranlait une armée, on rassemblait, il y a vingt ans, des vivres pour sa nourriture, des voitures de bagages et des tentes pour les campemens. La subsistance des troupes était régulièrement assurée, et l'on n'imaginait pas d'autre moyen d'y pourvoir, que d'établir sur la frontière, ou dans les contrées envahies, des magasins principaux, d'où les vivres, à mesure que l'armée avançait, venaient former derrière elle, et sur les points les plus commodes, des magasins secondaires. Le plan de campagne fut ordinairement subordonné, dans le cabinet, au choix de la ligne la plus favorable à ces transports. Le général d'armée n'eut pas seulement à diriger la marche de ses bataillons, il lui fallut la combiner avec celle des bagages et des vivres. L'on vit souvent ses opérations dépendre de la crainte de s'en séparer, et ses retraites causées par le danger de les perdre.

« Cette prévoyance, ces entraves n'existent pas maintenant. Le détail des approvisionnemens est devenu un obstacle, les bagages un fardeau ; les chefs des armées ont jugé que leur principal devoir était de vaincre, et que le soldat saurait assez pourvoir à son existence dans les pays qu'il aurait soumis.

« Dégagées d'autres soins que celui de se battre, n'ayant point à regarder derrière elles, leurs colonnes ont acquis la célérité que demandaient de vastes entreprises; et ç'a été pour ces troupes qui épuisaient en peu de temps les productions des contrées qu'elles occupaient, une nécessité de conquérir après avoir conquis, et d'acheter à tout prix la victoire, pour ne pas succomber aux fléaux du besoin.

« Malheur à la province où la guerre les conduit ! malheur au soldat lui-même, s'il reste trop long-temps sur la contrée où il a porté le ravage, et où il n'a d'autre mesure de ce qu'il consomme que sa volonté !

« Le pays d'Eylaw en a fourni la triste preuve. »

Les notes de notre confrère renferment beaucoup d'autres témoignages des cruels effets de ces guerres de dévastation; elles sont semées de réflexions dictées par le cœur, et prouvent que le feu du courage n'émoussait pas la sensibilité de cette belle âme. Mais le temps me presse, Messieurs, et je dois m'imposer le sacrifice des citations que je voudrais faire encore.

Cette campagne couronnée par la paix de Tilsit, avait été bien pénible pour Emile Perret, elle l'avait arraché aux premiers embrassemens de l'hymen.

Notre confrère avait, en 1806, uni son sort à celui de Mlle de Clérimbert, sa cousine germaine; il la connaissait depuis sa tendre enfance, avait suivi ses progrès, étudié son caractère; un penchant mutuel les avait appelés l'un à l'autre, et la mort seule a pu détruire la félicité de ces époux.

La paix avait permis au capitaine Perret, de renoncer aux armes pour venir goûter les douceurs de la retraite, dans le sein de son heureux ménage.

Là, il partageait son temps entre les soins de sa famille et les paisibles travaux de son cabinet; il se livrait avec délice à la culture des arts, à l'étude des sciences et des lettres. Son père lui avait transmis le goût de l'occupation; tout lui en fournissait le sujet; la société elle-même eût été sans attraits pour lui, si elle n'eût été animée par une conversation solide et par les jeux de l'esprit; aussi y apportait-il une amabilité qu'ont pu apprécier tous ceux qui ont eu des relations avec lui.

Emile Perret avait été nommé maire de la commune de Haute-Rivoire, qu'il habitait pendant une portion de l'année; il fit preuve de zèle et de capacité, et se montra tout dévoué aux soins de l'administration qui lui était confiée.

Il fut ensuite appelé aux fonctions d'adjoint de la mairie de Lyon; il les exerçait encore, lorsque la mort nous l'a ravi, et il s'y est acquis des droits à la reconnaissance des Lyonnais.

Mais ces occupations administratives, bien qu'elles obtinssent d'Emile tout le temps qu'elles réclamaient, ne pouvaient l'arracher entièrement à l'étude; il trouvait toujours quelques momens de loisir à lui consacrer, et s'il n'a pas eu le temps d'achever de grands travaux, il laisse du moins à ses enfans, des porte-feuilles renfermant de nombreux essais où se fait toujours remarquer le talent de leur auteur.

Vous connaissez déjà, Messieurs, quelques-unes de ses productions. Emile a siégé à peine deux ans dans vos réunions, mais nous avons eu souvent le plaisir de l'entendre; c'était un des plus laborieux de nos confrères, et il a toujours mérité vos applaudissemens, soit qu'il vous ait entretenu de la science militaire, des mathématiques, de la littérature, de l'économie politique ou des beaux arts. Je ne vous rappellerai particulièrement aucune de ses lectures : il me suffirait d'ouvrir les procès-verbaux de vos séances, et les comptes-rendus de vos présidens, pour payer aux travaux de notre confrère, les plus justes tributs d'éloges, mais alors le temps me manquerait pour vous parler de ses autres productions.

Emile Perret a été long-temps membre de la société d'agriculture, et lui a fourni de nombreux tributs. Ils ont toujours été très honorablement mentionnés dans les comptes-rendus de cette société, par son judicieux secrétaire; je regrette de ne pouvoir vous en donner un léger aperçu : qu'il me soit au moins permis de vous indiquer ceux de ses ouvrages qui présentent le plus d'intérêt.

Je citerai rapidement :

Une dissertation savante sur le mode d'administration le plus convenable à la France, pour la garantir de la disette des grains;

Des observations, sagement conçues, sur le projet du Code rural;

Un coup d'œil sur l'état de la culture, dans le département du Rhône;

Un rapport statistique sur les mines du même département;

Un mémoire sur les bestiaux;

Un autre mémoire sur les moyens à employer pour améliorer, dans notre province, la race des chevaux;

Un rapport sur les progrès de l'agriculture, depuis 50 ans;

Des réflexions sur les irrigations,

D'autres sur l'aménagement des bois et sur les divers systèmes d'assolement des terres.

Vous voyez, Messieurs, quelle est la variété des sujets de ces compositions, et combien ils diffèrent de ceux que notre confrère a traités dans nos réunions, une diversité plus étonnante encore se fait remarquer dans d'autres de ses travaux que je n'aurais pas le temps de rappeler ici avec quelques détails : je laisse à sa famille le soin d'explorer les intéressans porte-feuilles d'Emile Perret; ses enfans y puiseront d'utiles leçons et y apprendront à vénérer la mémoire d'un père digne de tout leur amour. Ils y verront que ce bon père se disposait à leur rendre tous les soins qu'il avait reçus du sien. Il voulait, comme lui, se sacrifier entièrement à l'éducation de sa famille, et il travaillait sans cesse à se rendre plus digne de cette grande tâche.

C'était évidemment dans ce but qu'il avait préparé :

Une analyse raisonnée de l'histoire de France;

Un traité élémentaire de géographie;

Un tableau analytique des révolutions de la littérature chez tous les peuples;

Un tableau chronologique des auteurs anciens et modernes;

Une analyse de la chronologie de Lyon;

Un exposé de la théorie de la musique;

Des notes sur l'art du dessin, l'anatomie et la perspective, ornées de figures esquissées avec esprit.

Dans d'autres momens, le capitaine d'artillerie s'occupait de son ancien état; il a laissé sur l'art de la guerre:

Un exposé de la méthode adoptée pour l'administration des troupes;

Une analyse militaire des différentes frontières de l'Europe;

Et un mémoire sur l'influence des derniers événemens militaires, sur la théorie de l'art de la guerre.

Enfin, Messieurs, la littérature et les arts étaient toujours les plus chers délassemens de notre confrère; et, indépendamment des mémoires et des dissertations qu'il vous a communiqués, ses cartons renfermaient divers essais qu'il voulait, sans doute, retoucher encore avant de vous en faire hommage. Tels par exemple:

Des observations sur le genre appelé romantique;

Des recherches sur les principes simples qui peuvent guider nos jugemens sur les productions des arts;

Deux petits romans : Edouard et Angélique, et La première leçon;

Deux compositions dramatiques :

Les Officiers aux arrêts, vaudeville en un acte, et Une journée d'Alcibiade, comédie mêlée de chants et de danses.

Je m'arrête, Messieurs. Je sens combien vous devez me reprocher la sécheresse de cette nomenclature; mais aurais-je pu resserrer, dans les bornes d'un discours, l'analyse de tant d'ouvrages? m'aurait-il même été possible de vous dire quelques mots de chacun d'eux? non sans doute, Messieurs, et les moindres détails m'auraient emporté beaucoup trop loin; cependant toute dépouillée qu'elle est des citations qui l'auraient rendue plus agréable, cette rapide énumération des principaux travaux de notre confrère, ne suffit-elle pas pour nous prouver que sa trop courte existence a été bien remplie, et qu'elle serait devenue bien plus précieuse à sa famille, à sa patrie, aux lettres et aux arts, si les fatals ciseaux n'en avaient si tôt coupé le fil.

Je me reproche, Messieurs, de ne vous avoir pas assez parlé des qualités personnelles de celui que nous regrettons; mais peu de mots suffisent pour vous rappeler le souvenir que vous en conserverez long-temps : la douceur de son commerce et l'amabilité de ses manières vous le faisaient désirer dans toutes vos réunions; une sorte de timidité, fruit de sa modestie, donnait une grace de plus à sa conversation, dans laquelle il répandait toujours à la fois l'agrément et l'utilité.

Dans sa vie privée et dans l'administration, il s'est toujours montré bon fils, bon époux, excellent père, ami fidèle, homme religieux, très bon citoyen, sujet dévoué. Il a défendu avec courage la patrie dans les camps, et l'a servie avec sagesse dans l'administration.

Après avoir langui plusieurs mois dans les souffrances d'une maladie incurable, notre confrère Emile Perret nous a été enlevé le 13 mai de l'année dernière. Sa vie a été courte, mais elle a été utilement employée. Il a passé dans ce monde en faisant le bien, il a mérité d'être aimé et il est amèrement regretté.

Que ses cendres reposent en paix ! et puissent les bons exemples de sa vie trouver de nombreux imitateurs !

APPENDICE.

LA famille de M. Emile Perret a désiré que ce discours
fût imprimé; l'ami qui l'a écrit doit craindre que les
lecteurs ne soient pas aussi indulgens pour lui, que
l'ont été ses confrères et ses auditeurs bienveillans.
Il a cependant été porté à céder aux vœux des parens,
par le désir de suppléer à l'imperfection de son ouvrage,
en y ajoutant quelques parties de ce qui lui manque.

Il n'avait pas connu tous les détails de la v'e de son
ami, et n'ayant pu recueillir assez tôt des renseigne-
mens suffisans, il avait omis de parler de plusieurs des
campagnes d'Emile Perret et de quelques-uns de ses
titres littéraires.

Ces ommissions importantes, ont été relevées par
M. Perret l'aîné, receveur principal des douanes à Colmar, dans une lettre qu'il écrivait, le 28 septembre
dernier, à son neveu Emilien, au fils de son frère
Emile.

L'on ne pourrait mieux dire ce qu'a si bien dit M. Perret l'aîné, et il convient de laisser à ce chef de la famille
le soin d'achever l'éloge de notre Emile, si vivement
regretté par tous ses parens et par ses nombreux amis.

Voici donc ce qu'écrivait l'oncle au neveu, au sujet
du discours qui venait d'être lu à l'académie de Lyon :

Colmar, 28 septembre 1823.

Je te remercie, mon cher neveu, d'avoir fait à mon intention une copie de l'éloge funèbre de celui que nous pleurons et regrettons tous. Je l'ai lu, comme tu dois penser, avec un douloureux intérêt et une vive émotion . . . .

. . . .

La famille désirant faire imprimer cet éloge, tu seras, mon cher Emilien, le meilleur interprète de ma mémoire, et tu rappelleras que ton père fut aussi de l'académie de Toulouse, célèbre par ses jeux floraux. S'y trouvant en 1803, détaché du corps d'artillerie, ses succès en société sur la musique théorique et pratique lui valurent une invitation de faire partie de cette assemblée dont il fut ensuite forcé de s'éloigner pour suivre sa carrière. Ainsi Emile, utile et agréable dans le monde, érudit et profond dans le cabinet, vit ses travaux littéraires lui ouvrir les portes de l'académie de Lyon, et ses succès dans les arts lui procurer l'entrée de celle de Toulouse.

Au sujet de ses campagnes, on pourroit ajouter à celles de Prusse et de Pologne, la campagne d'Autriche, en 1809, qu'il fit tout entière, et qui se termina par la bataille de Wagram, où il assista, et dont il a dessiné le plan. On n'a pas parlé de la guerre d'Espagne, sans doute pour éviter avec raison toute comparaison avec la guerre actuelle, mais il n'y fut pas moins distingué comme officier de mérite, par le maréchal Bessières qui commanda long-temps le corps d'armée de Castille.

Quant à ses titres littéraires, M. Régny n'a pu citer son chef-d'œuvre, ouvrage intéressant et soigné que j'ai entre les mains, ta mère ayant bien voulu me le confier momentanément. Ce sont des tableaux chronologiques, et par périodes, de l'histoire universelle, suivis d'un précis historique de chaque peuple moderne, classé dans ces tableaux. Cet ouvrage qui n'existe pas dans la littérature, qui lui a coûté beaucoup de recherches et de soins, a été médité et entrepris à Blois, où son régiment s'est trouvé en garnison, et a été achevé à Lyon, où il y a mis dernière main. On peut donc dire qu'il tirait de ses campagnes et de ses loisirs, un parti précieux, soit, comme le dit bien l'éloge, par des notes et esquisses sur les grandes scènes qui s'offraient à ses yeux, soit par des œuvres de longue haleine, dès que le repos et l'oisiveté ordinaire des garnisons, lui en offraient l'occasion.

N'oublions pas que, dès ses études à l'école polytechnique, dès ses débuts dans le monde, son goût et ses dispositions pour les arts libéraux, le firent accueillir avec intérêt et bienveillance par les Marmontel, Morellet, Grétry, Dalayrac, Marsollier et autres gens à talent qui ont entretenu correspondance avec lui, et enfin que l'intimité de ses liaisons de jeunesse avec le général Lafont, qui siége au côté droit de la chambre, et avec M. de Rayneval, ministre plénipotentaire de Louis XVIII, à la cour de Prusse, démontre que le choix de ses amis rencontrait toujours le mérite naissant. . . . .